LA

MAISON DES JOLIES FILLES

BRUXELLES. — IMPR. VITAL PUISSANT, ÉDITEUR

Grand'Place, 14.

LA
MAISON DES JOLIES FILLES

OU LES

Débauches d'un sénateur de l'empire

RACONTÉES PAR

LEMAINE, AVOCAT

Secrétaire particulier du comte Alfred de la Guéronnière.

Bruxelles

LIBRAIRIE COSMOPOLITE

Vital PUISSANT

LIBRAIRE-ÉDITEUR

14, GRAND'PLACE, 14

Paris

LIBRAIRIE POLITIQUE

AGRICOLE ET SCIENTIFIQUE

André SAGNIER, éditeur

7, CARREFOUR DE L'ODÉON, 7
(Ancienne rue de Fleurus, 9)

1871

Préface

Le hasard a placé dans nos mains les documents précieux, qui nous ont servi pour retracer les DÉBAUCHES D'UN SÉNATEUR DE L'EMPIRE.

Armé du flambeau de la vérité, nous avons pénétré dans ce sanctuaire (interdit aux profanes) qu'on appelle « LA VIE PRIVÉE D'UN HOMME DE COUR. » Sous le masque trompeur du diplomate, sous les dehors brillants du luxe et de la richesse, nous avons trouvé l'homme aux mœurs dissolues, au cœur desséché par les passions violentes.

Il a fallu un coup de foudre pour ramener dans la voie du bien cet homme pervers et dissimulé.

Mais combien d'autres mourront dans l'impénitence finale !

Beaucoup de lecteurs reconnaîtront de suite les personnages qui se meuvent dans le cours de cette *étrange histoire ; quant à l'acteur principal, il est peu de flaneurs parisiens qui ne l'aient coudoyé rue Vivienne ou boulevard des Italiens ; il faisait partie de cette cour fastueuse et dissolue qui s'est dispersée, chassée par les revers de la France.*

Le moment nous a paru propice pour offrir au public l'histoire d'un favori du dernier César. On a beaucoup parlé des courtisanes du Bas-Empire, nous avons pensé que les courtisans ne devaient pas non plus rester dans l'ombre.

LEMAINE.

LA

MAISON DES JOLIES FILLES

OU LES

DÉBAUCHES D'UN SÉNATEUR DE L'EMPIRE

CHAPITRE I

LA FAMILLE DELCOURT

La Maison des jolies filles

Madame Delcourt, mariée à un employé de Préfecture, était restée veuve à l'âge de 55 ans, sans autre fortune que la modeste pension de son mari.

Elle habitait avec ses deux filles Esther et Laure, une petite maison rue Sainte-Catherine, à Bayonne. Ces deux jeunes filles, offraient le contraste le plus frappant.

L'aînée Esther âgée de 17 ans, reproduisait exactement le type espagnol dans sa plus grande perfection. D'une beauté ravissante, Esther joignait à ses avantages naturels une vivacité d'esprit incomparable.

Sa sœur plus jeune de deux ans, avait plus d'embonpoint qu'Esther ; elle était également brune, mais comme si le destin dans cet ensemble de grâce et de jeunesse eut voulu les distinguer, Laure seule avait les yeux bleus.

Les jeunes filles égayaient cette maison en répandant autour d'elles le parfum le plus pénétrant : celui de la jeunesse. Quant à Mme Delcourt, c'était le type le plus parfait de l'insignifiance physique et morale. Mariée de bonne heure à un homme qu'elle n'avait jamais aimé, elle avait eu pour lui de l'estime et l'attachement naturel aux personnes qui doivent vivre ensemble.

Avec les années et à la suite surtout de la perte de son mari, le caractère de la veuve s'était aigri davantage. A son défaut ordinaire, l'avarice, elle avait joint un égoïsme outré, apanage ordinaire de la vieillesse. Mme Delcourt voyait peu de monde, son caractère acariâtre, ses réparties souvent pleines de fiel éloignaient d'elle les quelques amis, qu'avait su conserver son mari.

M. Delcourt avait été un homme honnête intègre, obligeant, serviable. Plusieurs fois dans le cours de sa carrière administrative, il eût pu faire valoir ses services par des bassesses et des lâchetés, devant lesquelles reculent bien peu d'employés.

N'attendant la fortune que de la justice de ses supérieurs, il mourut en laissant à sa veuve une modeste pension de 1,600 fr.

Le brave homme eut bien voulu marier son aînée Esther avant de mourir, mais il fut enlevé avant d'avoir vu réaliser ses désirs. Les prétendants de la localité connaissant la position précaire de l'honorable employé, ne se décidaient pas malgré la beauté des deux jeunes filles.

D'un autre côté Mme Delcourt était à redouter par son caractère bien connu des familles du voisinage ; il était facile de prévoir que le ménage établi sous ses auspices, serait loin d'être heureux.

Combien d'infortunés maris qui, en épousant leur femme, ont aussi épousé leur belle-mère.

Ce sont des malheureux voués à tous les tourments ; il faut que tôt ou tard l'orage éclate et malheur alors si la jeune femme n'écoûte pas son cœur, qui est le seul guide qu'elle doive consulter.

A part les quelques soirées de la Préfecture, la vie des deux jeunes filles s'écoulait d'une façon monotone.

Elles étaient loin de prévoir le changement qui devait s'opérer dans leur existence, par le fait du hasard et ensuite par le prestige que la beauté sème toujours sur son passage. Les bayonnaises sont renommées par leurs grâces et leur charme naturel, mais Esther et Laure étaient les reines des bals de la Préfecture. Les danseurs se pressaient en foule sur leurs pas et plus d'un admirateur murmurait tout bas aux oreilles des jeunes filles des paroles dont la portée se trahissait par une subite rougeur.

Mme Delcourt laissait assez de liberté à ses filles, afin d'attirer les amoureux et les prétendants qui, pour la plupart avaient des intentions plus honnêtes que dorées.

La maison *des jolies filles* ainsi qu'on avait surnommé l'habitation de la rue Sainte-Catherine, avait vu beaucoup d'admirateurs d'Esther et de Laure.

Celles-ci folâtres, enjouées, comme les abeilles voltigeaient de fleur en fleur ; elles entendaient les douces paroles de l'un, les protestations d'amour de l'autre, riant avec celui-ci, coquettant avec celui-là, mais sans jamais dépasser la limite des convenances.

Quelques mois après la mort de son mari, Mme Delcourt fut frappée d'une paralysie, qui la contraignit à garder la chambre.

Son humeur devint plus sombre, il était impossible de rester auprès d'elle sans l'entendre se récrier sur l'ingratitude des hommes, la perversité du siècle, etc., etc.

Malgré cela les jeunes filles entouraient leur mère des soins les plus touchants, des attentions les plus délicates. C'étaient deux anges que le ciel avait placés auprès de Mme Delcourt, mais celle-ci ne tenait aucun compte de toutes ces prévenances; il faut dire aussi que leur position précaire refusait certains soins à la veuve, que malgré leur bonne volonté ses filles ne pouvaient lui donner.

Et puis peu à peu le vide s'était fait auprès de la vieille infirme, les prétendants se faisaient plus rares, bien que la beauté des jeunes filles ne fît qu'accroître. On les admirait, on les respectait; mais dans une ville de province, malgré leur beauté, les jeunes filles sans fortune sont comme de beaux arbres chargés de fleurs, qui ne produisent jamais de fruits.

CHAPITRE II

M. LE BARON D'ARGENTIN

Vers la fin de novembre 186..., un événement important vint jeter le trouble dans la famille Delcourt et donner un peu de vie à cette ville qui dort calme et tranquille assise aux bords de l'Adour.

M. le baron d'Argentin, sénateur de l'Empire fut envoyé en mission extraordinaire dans le département. Il reçût à la Préfecture de Bayonne tous les honneurs dûs à sa haute position.

Son arrivée dans la ville fut un événement, peu s'en fallut qu'on n'illuminat pour fêter le représentant de l'Empire.

M. le baron d'Argentin était originaire de la Haute-Vienne. Sa famille appartenait à l'aristocratie industrielle et financière.

Dirigeant une des plus importantes manufactures de porcelaine du pays, il était parvenu à la députation comme la plupart des députés de l'Empire, en se dévouant au gouvernement impérial, en semant l'or pour faire réussir sa candidature.

Un fait qui prouve combien les paysans sont peu éclairés en France; c'est que ceux qui le portèrent à la députation, furent précisément les habitants des communes où il était inconnu. L'opposition la plus vive fut faite par ceux qui connaissaient le baron.

Ses habitudes de débauche et son instinct de domination n'avaient point échappé aux électeurs qui, par leurs affaires ou les nécessités de la vie, avaient eu des rapports avec lui.

Son caractère était bien apprécié à la cour impériale; son dévouement et les services qu'il rendit à la Chambre des députés avec *son couteau à papier*, lui valurent quelques années plus tard la place de sénateur.

Décoré de plusieurs ordres, membre de sociétés de toutes nuances (financières ou philanthropiques); il était un exemple frappant de ce que pouvait la faveur impériale envers un protégé.

Son arrivée à Bayonne fut marquée par des fêtes et des bals à la préfecture, où furent conviés tous ceux auxquels leur position ou leurs intérêts donnaient un droit d'entrée.

On fit bien quelques efforts pour endoctriner ce que l'on appelait le *ban des endurcis;* (les républicains et les légitimistes.)

Mais ceux-ci demeurèrent solides comme un roc et le préfet en fut pour ses invitations.

Les demoiselles Delcourt, filles d'un pensionné du gouvernement ne pouvaient se dispenser d'assister à ces fêtes, dont-elles étaient du reste le plus bel attrait.

A leur arrivée dans la salle de bal, où elles furent conduites par un vieil ami de Mme Delcourt, Madame la préfète vint au devant d'elles, et les présentant à M. le baron d'Argentin, elle prononça ces paroles flatteuses : voici Mlles Esther et Laure Delcourt, les deux perles de la ville; je crois, M. le baron, que si nos Bayonnaises au lieu d'être à ma petite fête se trouvaient au bal des Tuileries, elles feraient bien des jalouses. M. d'Argentin était plongé dans une profonde admiration ; jamais, dans ses pérégrinations amoureuses, il n'avait rencontré de beautés plus éclatantes.

Il fixait ses regards pénétrants sur Esther, et la jeune fille, les yeux baissés, la rougeur au visage, se sentait brûler comme par des charbons ardents.

Mme X..., répondit M. d'Argentin, votre compliment, quelque flatteur qu'il puisse être, est encore au-dessous de la vérité.

Puis prenant la main d'Esther : Mademoiselle, ajouta-t-il, je serais heureux si vous m'accordiez la faveur de danser ce quadrille.

Esther tremblante et émue, répondit que Mme la préfète méritait seule tous les hommages et qu'elle se trouvait bien flattée de l'honneur dont-elle était l'objet. Puis M. d'Argentin s'entretint à voix basse avec le préfet; il s'enquit de la position de ces jeunes filles et parut très-satisfait des explications qui lui furent données.

Pendant le bal il trouva le moyen d'adresser quelques paroles amoureuses à Esther et il lui assura que Mme Delcourt recevrait prochainement sa visite.

Quelques jours après, M. d'Argentin se présenta à la maison des *jolies filles*, et, par une singulière fatalité, ce fut Esther qui devint son introducteur auprès de la veuve. Laure était allée passer l'après-midi chez une de ses amies.

Le sénateur en voyant Mme Delcourt, comprit de suite tout le parti qu'il pouvait tirer de la situation.

Madame, dit-il, je viens réparer un oubli; les bons services de M. Delcourt doivent trouver leur récompense par une protection efficace; j'espère réussir et je viens mettre mon crédit à votre disposition. Si vous avez besoin de faire appel à un ami, voici mon adresse à Paris, écrivez-moi, je serai heureux quand vous me demanderez quelque chose, et en disant cela le baron ouvrit son porte-feuille et donna sa carte à Mme Delcourt.

Celle-ci la prit, remercia le baron et après quelques mots de conversation, elle s'excusa de ce que la maladie l'empêchait de faire les honneurs de sa maison. Mais Esther, dit-elle, en s'adressant à celle-ci, se chargera de me remplacer.

Le baron prit quelques rafraîchissements, puis Esther se leva et se dirigea vers un jardin magnifique attenant à la maison, où le baron la suivit.

Mademoiselle, dit-il, « j'ose espérer que vous vous « souviendrez de moi, vous avez su m'inspirer le « sentiment le plus doux et le plus affectueux.

« Au milieu des agitations de la vie politique, « combien je serai heureux de penser qu'au loin, « près des Pyrénées, j'ai trouvé un cœur capable « de me comprendre.

« Ces fleurs embaumées, muets témoins de notre « entrevue, reçoivent aujourd'hui mon serment de « vous aimer toujours. »

Puis il voulut prendre la main d'Esther, mais celle-ci la retira et toute rouge, toute tremblante, elle lui répondit d'une voix émue :

« Monsieur le baron, retournez à Paris, oubliez « une pauvre fille qui n'a que sa beauté pour dôt ; « bien d'autres que moi seront fières de vous ren-« dre heureux ; vous trouverez partout la richesse et l'abondance ; avec moi, qui ne possède qu'un avantage passager, vous ne pourriez avoir les succès dus à votre haute position, à votre mérite personnel. »

Puis elle se dirigea vers la maison, M. d'Argentin lui répondit que son image demeurerait éternellement gravée dans son cœur et qu'il serait heureux de mériter ses faveurs.

Mme Delcourt en voyant le baron, lui fit de nouvelles protestations et lui fit prendre l'engagement de l'honorer d'une visite avant son départ.

M. d'Argentin répondit que telle était son intention, puis il prit congé de la veuve et d'Esther, non sans avoir adressé à celle-ci (un de ces regards brûlants) et (un serrement de main) qui en disent plus long que les plus éloquentes paroles.

M. d'Argentin, sans être ce qu'on appelle un joli garçon, n'était pas laid et de plus il possédait toutes les séductions de l'homme du monde. Il avait eu plusieurs bonnes fortunes et en homme habile, il était discret. Le baron avait alors quarante ans, son âge lui donnait une certaine supériorité sur la plupart des jeunes gens compagnons de ses fredaines. Écouté comme un oracle par ceux-ci, il avait acquis l'expérience de cette vie artificielle qu'on est convenu d'appeler la *Vie Parisienne*.

Le baron d'Argentin selon la règle qu'il s'était tracée, se garda bien de faire part au préfet de sa visite à la *maison des jolies filles*.

Il avait pris certaines résolutions qu'il devait tenir cachées pour assurer le succès de ce qu'il allait entreprendre.

Le lendemain, M. d'Argentin reçut un dépêche chiffrée qui le rappelait de suite à Paris, il n'avait pa   inute à perdre. Il écrivit alors une lettre

de condoléance à Mme Delcourt en la priant de l'excuser ; son départ précipité le privait du plaisir de
la voir ; mais il l'assura en même temps qu'elle pouvait compter sur lui.

CHAPITRE III

LA VIE DE M. LE BARON A PARIS

Ses Maîtresses, son Club, ses Amis.

Le baron occupait à Paris un splendide hôtel faubourg Poissonnière. Il avait deux domestiques et possédait un petit coupé bleu bien connu dans la capitale.

Membre du Jockey-Club où il passait une partie de ses nuits, il savait jouer, chose assez rare, car la plupart des joueurs finissent par se ruiner ; les parties de baccarat emportent souvent les restes d'une fortune ébréchée dans les spéculations financières.

Le baron était pour ses amis ce que l'on est convenu d'appeler vulgairement un *bon garçon*, il savait obliger ceux qui avaient besoin de lui et desquels il attendait des services dans un avenir prochain ; quant aux autres, il déguisait un refus par une impossibilité absolue ou un obstacle imprévu qu'il faisait naître ; il mettait toujours son mauvais vouloir sur le compte des circonstances.

Le baron avait refusé de brillants partis, il était arrivé à la quarantaine sans vouloir se marier, préférant aux exigeances matrimoniales, la vie de sybarite que lui faisait l'empire.

N'avait-il pas tout ce qui peut rendre l'homme heureux et qu'il résumait en deux mots : honneur et fortune.

D'un matérialisme outré, il ne voyait dans les femmes que des machines à plaisir. Il les adorait toutes mais n'en aimait véritablement aucune.

Pour satisfaire ses désirs, il employait toutes les roueries d'un vieux diplomate.

Mais lorsque sa victime était tombée dans le piége qu'il tendait avec l'astuce et l'hypocrisie de son caractère, alors malheur à elle, il l'endormait pendant quelques temps par les promesses les plus enchanteresses, puis il disparaissait peu à peu et s'éclipsait totalement.

Il avait soin de semer dans sa retraite, assez d'embûches et de traquenards pour être complètement à l'abri d'un ressentiment amoureux.

Nous allons suivre M. le baron qui vient d'arriver à son hôtel du faubourg Poissonnière ; une journée passée avec lui nous initiera aux mystères de sa vie privée.

Après avoir pris le repos nécessité par les fatigues de son voyage, il sonna son domestique : Jean dit-il, personne n'est venu pendant mon absence.

Celui-ci s'empressa de présenter à M. le baron

plusieurs lettres, cartes, etc., contenues dans une superbe coupe en malachite.

Après avoir parcouru quelques lettres, le baron s'adressa à son domestique qui se tenait immobile devant lui.

C'est tout, Jean !

Mlle Malaga est venue deux fois s'informer si M. le baron était de retour, répondit le domestique.

C'est bien Jean, laissez-moi ! (et comme celui-ci se retirait, dites à Giraldi d'atteler ; Giraldi était un corse qui lui venait d'une auguste main, un de ces domestiques dévoués jusqu'à la mort et confident muet des plaisirs du maître.

M. d'Argentin s'habilla avec soin et comme il était d'humeur charmante ce jour-là, en montant dans son coupé il lui donna l'ordre de le conduire chez Malaga (1).

La voiture s'élança rapidement, enlevée par deux magnifiques bêtes, d'un gris pommelé, d'une ressemblance si parfaite, qu'il avait fallu tous les soins d'un connaisseur émérite pour les assortir.

L'attelage s'arrêta devant un petit hôtel de la rue Villeneuve-Saint-Georges.

Le domestique sonna ; une soubrette à mine

(1) D'après de récentes chroniques, Malaga aurait possédé pendant quelques jours les faveurs du *Doux seigneur* de Marguerite B...

chiffonnée vint ouvrir, elle plongea ses regards dans la voiture et en apercevant le baron elle s'approcha et lui dit :

« Madame est chez-elle et sera bien heureuse de recevoir M. le baron. Je cours la prévenir. »

Alors M. d'Argentin descendit de son coupé et gravit lestement les quelques marches qui conduisaient à l'appartement de Malaga. Puis il attendit.

Bientôt la soubrette apparut et l'introduisit dans le plus charmant boudoir que l'imagination puisse rêver.

Malaga, en peignoir tout garni de dentelles, était nonchalemment étendue sur un sopha, ses pieds mignons jouaient dans des babouches chinoises, un feu pétillant répandait une douce chaleur dans l'appartement.

En apercevant M. d'Argentin, Malaga, en femme qui connaît son monde, se leva, vint au devant de lui, le prit par la main et le fit asseoir près d'elle.

Comment, monsieur le baron, dit-elle, vous disparaissez comme cela sans prévenir vos amis, savez-vous que j'étais capable d'un coup de tête. Vous avez beaucoup à faire pour être pardonné !

Charmante Malaga, dit le baron, je commence d'abord par prendre les arrhes de la réconciliation, et en disant cela, il déposa un baiser sur les lèvres de la jeune fille.

Puis, pour obtenir tout à fait vos bonnes grâces,

je m'invite à déjeuner chez-vous ; vous voyez, chère reine, que j'agis avec un sans-façon qui vous prouve combien mon repentir est sincère.

Malaga ne put retenir un violent éclat de rire, elle connaissait M. d'Argentin depuis peu, mais elle avait su apprécier son caractère, elle savait que lorsqu'il demandait, c'est qu'il était prêt à donner.

Elle appuya sa jolie petite main blanche sur un timbre placé sur un guéridon et aussitôt la soubrette entr'ouvrit la porte : Rosette, dit Malaga, M. le baron me fait l'honneur de déjeuner chez moi, fais en sorte que nous soyons bien et promptement servis ; sa majesté n'aime pas à attendre, dit Malaga en souriant malicieusement.

Vous êtes adorable, ma petite reine, dit M. d'Argentin, et pour vous prouver que les absents n'ont pas toujours tort, voici ce que j'ai rapporté de mon voyage.

Et le sénateur tira de sa poche un petit écrin microscopique ; il fit jouer le ressort et un brillant de la plus belle eau apparut aux yeux de la courtisane.

Vous êtes mille fois trop bon, monsieur le baron, dit Malaga en faisant miroiter le merveilleux bijoux, je suis toute confuse et ne sais comment vous remercier de votre délicate attention, et en disant cela, elle enlaça de ses beaux bras le cou du lovelace et imprima un long baiser sur les lèvres de son adorateur. Le baron reçut en frissonnant cette brûlante carresse, il se disposait à rendre à la courtisane baiser pour baiser, lorsque la soubrette, glissant son joli minois à travers les rideaux du boudoir, vint annoncer : Que madame est servie. Le baron prit Malaga dans ses bras et la porta dans un délicieux fumoir qui servait en même temps de salle à manger. Les buissons d'écrevisses furent attaqués au milieu des éclats de rires argentins de la courtisane et de la joie folâtre de son convive, qui faisait honneur au déjeuner de Malaga.

Car d'Argentin était ce que l'on appelle une *belle fourchette ;* tout en cultivant le petit dieu de Cythère, il aimait les plaisirs de la table, Brillat-Savarin n'avait pas d'émule plus digne que lui.

Bientôt le champagne apparut, emprisonné dans les sceaux de glace. Malaga présenta sa coupe au baron qui l'emplit jusqu'au bord.

A vos prochains succès, monsieur le diplomate, dit-elle.

J'accepte le toast, répondit d'Argentin, présenté par une adorable déesse, à laquelle obéit le destin.

Puis ce fut au tour du baron, il appuya sa tête sur les seins rebondissants de Malaga et versant le champagne, ils savourèrent le nectar de feu, entremêlé des baisers et des mutuneries de la lorette.

Qu'elle était belle ainsi !

Son peignoir entr'ouvert laissait apercevoir deux

seins plus blancs que l'albâtre, sa blonde chevelure s'était déroulée et serpentait sur des épaules si parfaites qu'elles semblaient moulées ; la tête du baron reposait mollement dans les bras de Malaga aussi doux que le satin ; tout le corps de celle-ci tremblant de plaisir, exhalait le parfum le plus suave et le plus embaumé. Les lèvres de la belle fille s'étaient collées sur celles de son amant ; ils murmuraient des paroles d'amour et de bonheur.

. . . .

Cinq heures venaient de sonner à une petite pendule de bronze représentant Salambô, lorsque le baron prit congé de Malaga.

Il se fit conduire à son hôtel pour réparer le désordre de sa toilette.

Giraldi, son valet de chambre, attendait son maître, afin de lui prodiguer ces soins minutieux qu'un homme du monde ne néglige jamais.

Après le bain et les frictions, le baron revêtit un habit de ville et sortit pour se rendre au ministère de l'intérieur et faire quelques visites.

Nous ne suivrons pas M. d'Argentin à Madrid (1), où il se fit servir dans un salon particulier un léger ambigu ; ni dans sa promenade au bois de Boulogne.

Nous allons le retrouver au cercle.

Il est une heure du matin, le baron vient de faire

(1) Un des rendez-vous de la société élégante de Paris.

son entrée, des domestiques le débarrassent de ses vêtements. Il entre triomphalement dans le salon de conversation.

Ses amis viennent au devant de lui avec une obséquiosité qui indique à l'œil observateur que tôt ou tard ils mettront sa bourse ou son crédit à contribution.

Le baron, l'air enjoué, la parole douce et facile, répond à leurs félicitations; mais son cœur blasé est loin d'éprouver le moindre attachement pour *messieurs ses amis*.

Ils font échange de politesses; mais chaque parole est un mensonge.

C'est que dans ce monde là, tout se vend; l'estime et la considération appartiennent au plus adroit, au plus ambitieux.

Les hommes d'État ont toujours un cortége de flatteurs et de courtisans empressés à satisfaire leurs moindres désirs. Mais lorsque *l'œil du maître* s'est détourné de l'un d'eux, lorsque le vent de la disgrâce les a fait dégringoler du faîte de l'édifice qu'ils avaient péniblement élevé, alors, prodige étrange, tout disparaît. Il se fait un vide autour d'eux, celui sur lequel ils avaient le plus compté est le plus dédaigneux et le plus insolent. Cruelle leçon, outrage sanglant pour l'homme habitué aux flatteurs et aux courtisans.

Revenons au baron d'Argentin qui, après avoir jeté un regard distrait sur les journaux du soir, s'était dirigé vers le salon de jeu. C'est toujours avec le sentiment d'un plaisir ineffable que le joueur écarte les draperies qui lui cachent le spectacle le plus attrayant. Les reflets éblouissants de la lumière éclairait la physionomie terrifiante des joueurs. Le baron s'assit autour d'une immense table recouverte du classique tapis vert et divisée en deux parties.

Des monceaux d'or et de billets de banque s'étalaient devant l'heureux banquier.

Le baccarat était alors le jeu favori du high-life.

D'Argentin ouvrit son portefeuille et jeta négligemment devant lui un billet de mille francs.

Il avait la réputation d'un joueur heureux, aussi les pontes s'empressèrent de doubler leur mise.

Son tableau amena neuf, le banquier perdit d'un côté, mais gagna de l'autre. En joueur habile il vit venir la déveine et annonça sa mise en banque, afin de pouvoir se retirer ensuite si le sort lui était défavorable.

Bref, il perdit encore.

Avec l'aisance la plus parfaite il paya, puis se retira du salon de jeu.

Messieurs, dit le baron d'Argentin, si personne *ne prend la banque*, je suis à votre disposition, et il plaça 25,000 francs devant lui.

Nous ne ferons pas assister le lecteur à toutes

les phases du jeu; mais lorsque le sénateur rentra chez-lui, il avait gagné 65,000 francs.

Sous le glorieux empire de Napoléon III (l'homme de Sédan), les maisons de jeu étaient sévèrement interdites, mais les grands cercles de Paris étaient de véritables tripots. Les enjeux les plus fabuleux couvraient les tapis verts, autour desquels se pressaient MM. de Saint-A..., de M..., de P..., etc., etc., tous les plus beaux fleurons de la couronne impériale. C'est qu'il fallait de l'or, beaucoup d'or, pour mener cette vie folle, cette vie de plaisirs effrenés.

Plusieurs sombraient et disparaissaient dans le gouffre.

Que de fortunes brillantes se sont évanouies au creuset allumé par le démon du jeu et le désir d'assouvir les plus infâmes passions. La vertu la plus robuste résiste difficilement à toutes les tentations déployées sur le chemin que parcourt l'homme du monde, le gentleman qui fait partie de ce qu'on appelait, avant l'invasion prussienne et le règne éphémère de la Commune : *le Tout Paris*.

CHAPITRE IV

LES PROJETS DU BARON

Mme Delcourt avait été fort contrariée par le départ soudain du baron ; elle avait déjà formé des projets lui assurant une vieillesse entourée des soins et des jouissances que donne la fortune.

Elle résolut de mettre à profit les offres de M. d'Argentin, mais avant de rien entreprendre, elle résolut de consulter sa fille.

Esther était demeurée toute rêveuse depuis l'absence du baron, la scène du jardin était gravée dans son cœur ; elle ressentait un violent attachement pour le sénateur.

Peut-être s'il eût été présent, son caractère se fut dévoilé aux yeux perspicaces de la jeune fille, et au lieu d'inspirer de l'amour à celle-ci, Esther eut éprouvé bientôt une violente répulsion pour le roi des débauches et des orgies parisiennes.

Elle avait fait ses confidences à sa sœur, et les

deux jeunes filles exaltaient cet amour pour un homme qui devait leur être fatal.

Le baron savait bien ce qu'il faisait en s'éloignant.

Il grandissait tous les jours en estime ; par l'absence il devenait un héros, un paladin aux yeux de la famille Delcourt.

La veuve fit approcher Esther auprès d'elle et la pria de lui dire franchement ce qu'elle pensait de M. d'Argentin.

A ce nom, la jeune fille baissa timidement les yeux et rougit, mais la vieille infirme savait depuis longtemps à quoi s'en tenir à ce sujet, et avec l'égoïsme particulier à la vieillesse et aux cœurs enclins aux mauvais sentiments, elle avait sondé les impressions d'Esther et connaissait déjà son amour.

« Ma fille dit-elle, avec l'âge sont venues les
« infirmités ; ton père, que le bon Dieu ait son
« âme, était un homme entêté et orgueilleux, ne
« voulant jamais s'abaisser devant ceux qui au-
« raient pu lui ouvrir le chemin des richesses. Il a
« toujours dédaigné ceux qui étaient dans une
« position plus élevée que la sienne et qui auraient
« pu lui être utile.

« Il méprisait la médiocreté dorée, aussi tu vois
« mon enfant, avec quelle peine et quels sacrifices
« nous vivons. Je pense Esther que tu ne t'oppo-
« seras pas au projet que j'ai formé.

« Demain je dois écrire à M. d'Argentin une
« lettre dans laquelle, sans lui rappeler ses pro-
« messes, je lui donnerai à entendre que *nous* ne
« l'avons pas oublié. »

Esther ne sut que répondre à sa mère, mais en
fille soumise et inexpérimentée, elle lui dit que tout
ce qu'elle ferait, elle l'approuvait d'avance, son
seul bonheur étant de la voir heureuse.

Je n'en attendais pas moins de ton bon cœur,
mon enfant, reprit la veuve, je t'en remercie, Dieu
te tiendra compte de tout le bonheur que je te
devrai.

Deux jours après cet entretien, M. d'Argentin
reçut une lettre timbrée de Bayonne.

Il rompit le cachet et en voyant la signature de
Mme Delcourt, un sourire diabolique glissa sur ses
lèvres.

Enfin ! dit-il, je la tiens.

Puis il passa dans son cabinet de travail et se
mit aussitôt à écrire la lettre suivante :

« Chère Madame Delcourt,

« C'est au milieu des préoccupations politiques
« que votre lettre me surprend ; aussi, est-elle
« considérée comme un message de bonheur.
« Je m'empresse d'interrompre mes travaux, pour
« vous prouver que je ne vous ai point oublié. La

« *maison des jolies filles* n'a pas abrité un hôte
« ingrat.

 « Le proverbe : « Loin des yeux, loin du cœur, »
« n'a pas été fait pour moi.

 « Mais, vous le savez, chère Madame, j'appar-
« tiens à l'Empire, mon dévouement le plus absolu
« est acquis à l'auguste chef du pouvoir ; il faut
« donc beaucoup pardonner à celui dont les heures
« sont précieuses.

 « J'ai fait part au ministre de votre position, il
« est tout disposé en votre faveur, et vous recevrez
« sous peu la direction d'un bureau de tabacs,
« laissé vacant par la mort de la titulaire.

 « Mais pour cela, il est nécessaire que Mademoi-
« selle Esther vienne à Paris, le ministre désire
« la voir.

 « J'ai fais le portrait de vos adorables jeunes
« filles. Que ne suis-je peintre pour rendre leurs
« traits charmants, rehaussés par les qualités du
« cœur.

 « J'ai une parente qui habite avenue de Neuilly,
« chez qui votre fille pourra descendre, du reste,
« chère Madame, sous ma sauvegarde, elle est à
« l'abri de tout danger.

 « Je regrette beaucoup de ne pouvoir obtenir ce
« que vous étiez en droit d'attendre, pour les ser-
« vices rendus au gouvernement par l'estimable
« M. Delcourt ; mais Mlle Esther en plaidant votre

« votre cause, sera bien meilleur avocat que celui
« qui se dit Madame,

   « Votre très-obéissant serviteur,

      « Baron d'ARGENTIN. »

Cette lettre fut jetée immédiatement à la poste.
Elle produisit dans la famille Delcourt l'effet d'un
coup de foudre.

La vieille infirme ne se sentait pas de joie ; enfin
disait-elle, je verrai donc l'accomplissement de mes
désirs ; cet excellent baron ! quel homme de
cœur. Ah ! Esther ! que je suis heureuse de pouvoir
te placer sous sa haute protection !

Tu vas faire ici bien des envieuses, et moi-même
j'aurai ce bureau de tabac, pour lequel il y a déjà
tant de solliciteurs.

Ils ne se doutent pas que la pauvre Mme Delcourt
si dédaignée l'obtiendra d'emblé.

Je vois d'ici leur haine ; leur envie causera ma
joie la plus vive.

Chère Esther, écris bien vite à monsieur le baron,
c'est le moins que tu puisses faire pour le bienfaiteur d'une mère et de ses enfants.

Esther ne répondit pas, quant à Laure, elle se
jeta dans les bras de sa sœur et se mit à pleurer.

Ces pauvres enfants avaient déjà le pressenti-
ment du malheur qui les attendait.

Ce fut Laure qui prit la parole en déclarant qu'elle ne voulait à aucun prix se séparer de sa sœur, qu'elle ne voyait pas de quelle utilité la présence d'Esther pouvait être à Paris, M. le baron d'Argentin serait assez puissant pour obtenir une faveur sans le secours de sa sœur.

Mme Delcourt lança un regard haineux à sa fille, la conversation prenait une tournure tout-à-fait aigre, lorsque Esther n'écoutant que son cœur, s'écria :

Ma mère je vous obéirai, M. le baron est un homme d'honneur et je mets en lui toute ma confiance.

J'ose espérer, ma mère, que quoiqu'il arrive, je pourrai toujours compter sur votre amour.

Mme Delcourt pour toute réponse, prit la tête de ses filles et déposant un baiser sur chacune d'elles ; elle s'écria :

Chère Esther, combien tu me rends heureuse aujourd'hui, tu rachètes les fautes de ton père, et toi, Laure, je te pardonne le sentiment d'égoïsme qui a pris naissance dans ton amour pour ta sœur, songe mon enfant, qu'elle peut faire ton bonheur.

Quelques jours après cet entretien, le baron d'Argentin reçut une lettre de Mme Delcourt, le remerciant avec effusion et lui annonçant l'arrivée prochaine de sa fille à Paris.

Celui-ci prit les dispositions nécessaires pour accomplir son infâme projet,

Il se rendit avenue de Neuilly, où il loua un délicieux petit appartement, qu'il fit meubler avec un luxe et un goût exquis.

M. d'Argentin était connaisseur, en fait de tableaux et d'objets d'art, il donnait de nombreuses preuves de bon goût et il s'était acquis par des achats intelligents une réputation de Mécène à peu de frais. Puis comme il fallait auprès d'Esther une personne sur laquelle il puisse compter, il résolut de placer auprès d'elle, la femme d'un ancien agent de la police secrète, qui lui rendait quelques services. Il fit la connaissance de la façon la plus imprévue de Coralie, c'était le nom de la future gouvernante.

Il y avait un certain soir, une arrestation de la plus haute importance à opérer dans les environs de l'hôtel du sénateur.

Un chef de brigade de sûreté et trois agents bien armés devaient s'emparer d'un ancien forçat en rupture de ban.

Ce dernier, homme très-dangereux, venait de commettre un meurtre et se tenait caché depuis deux jours chez sa maîtresse.

La police après avoir surveillé la maison et réuni toutes les preuves, avait formé le projet de capturer le bandit.

Le chef de brigade et deux agents pénétrèrent dans la maison dont la porte avait été laissée ouverte à une heure convenue.

Un seul agent, l'épée à la main, attendait dans la rue, en cas de fuite du malfaiteur.

Il pouvait être deux heures du matin, la grande capitale paraissait engourdie dans le sommeil, on n'apercevait aucun passant dans la rue.

Les agents enfoncèrent la porte de l'appartement suspect, qu'ils trouvèrent plongé dans l'obscurité la plus profonde, le forçat leur envoya une énorme pièce de bois dans les jambes, ils trébuchèrent ; le bandit profita de la confusion pour se sauver précipitamment par l'escalier, alors les agents tirèrent leurs pistolets et firent feu, mais sans l'atteindre.

Un des policeman s'était tapis dans l'encoignure de la porte, et comme le forçat s'élançait dans la rue, il reçut un coup d'épée dans les reins, alors le meurtrier poussa un cri de rage et avant de tomber il plongea dans le sein de l'agent de la sûreté un énorme couteau qu'il tenait à la main.

Les agents ne purent arriver assez tôt pour empêcher ce dernier crime ; ils trouvèrent les deux cadavres étendus devant la porte.

Afin de transporter les morts hors de la vue des quelques rares passants qui commençaient à se montrer, il fallut aller à la recherche d'une voiture. La fatalité voulut qu'une maraîchère vint à passer juste à ce moment-là, elle fut requise d'office pour porter les deux corps sur l'arrière de sa charrette ; mais cette malheureuse tomba inanimée sur le pavé ;

elle venait de reconnaître parmi les morts, le ca-
davre de son mari, attaché à la police secrète
depuis trois ans.

Ce nouvel épisode du drame, augmentait l'em-
barras où se trouvait le chef de brigade, il résolut
alors de sonner à l'hôtel auprès duquel se passait
cette scène.

Cette maison était celle du baron d'Argentin, chez
lequel on transporta la malheureuse femme évanouie.

Puis les agents placèrent les cadavres sur la charrette et s'éloignèrent au plus vite, le jour commençait à poindre. Il était nécessaire de soustraire aux
regards des passants, les acteurs de l'horrible scène
dont les ombres de la nuit avaient été le muet
témoin.

Un agent était resté dans l'hôtel auprès de la
malheureuse femme.

Lorsque celle-ci revint à elle, elle se mit à
pleurer, mais le sbire lui ayant dit quelques paroles,
elle parut glacée d'épouvante et se remit bien vite.

Sur ces entrefaites, M. d'Argentin prévenu par
Jean de ce qui se passait, voulut voir cette femme.
En la questionnant, il vit de suite tout le parti qu'il
pouvait en tirer dans ses fredaines amoureuses.

Il l'assura de sa haute protection et lui donna
quelques louis en la congédiant.

Cette malheureuse n'était autre que Coralie,
ancienne fille soumise et la future gouvernante
d'Esther.

CHAPITRE V

ESTHER A PARIS

La nouvelle Maîtresse du baron

En arrivant à Paris, Esther fut reçue par Carolie de la façon la plus affectueuse ; la gouvernante, sans être très-instruite possédait un certain brio qui éblouissait la jeune provinciale.

La jeune fille prit possession de son appartement ; elle avait peine à dissimuler la surprise que lui causait toutes les merveilles réunies autour d'elle.

Sa chambre à coucher était garnie en soie de Chine, les meubles étaient de boule avec incrustations nacrées ; un merveilleux tapis s'étendait sous les pieds.

Sur la cheminée se trouvait une délicieuse pendule en marbre noir avec un bronze de maître : *la naissance de Vénus.*

Les statuettes de Carrier reposaient sur des supports en ébène sculpté.

En un mot, tout ce que l'art peut enfanter de mignard et de gracieux était réuni dans le boudoir de cette nouvelle reine.

La jeune bayonnaise comme une naïve enfant qu'elle était, questionnait sans cesse Coralie sur toutes ces fleurs de la pensée, réunies pour faire cortége à sa beauté.

Puis la jeune coquette lança un coup-d'œil agaçant sur une superbe glace de Venise placée en face du lit. Elle ne pût s'empêcher de sourire car elle se trouvait belle ; les merveilles réunies autour d'elle, semblaient revêtir d'un nouvel éclat ses formes si pures, son visage si gracieux.

Après avoir pris le repos nécessité par les fatigues d'un long voyage, Esther sonna sa femme de chambre afin de procéder à sa toilette d'intérieur. Anna (ainsi se nommait cette dernière) avait abandonné les fonctions peu rétribuées de figurante dans un petit théâtre des boulevards, pour le service de Mlle Esther.

La soubrette entr'ouvrit doucement la porte, souleva les draperies pour donner un demi-jour à l'appartement.

Esther après avoir revêtu son peignoir, s'assit devant sa toilette.

D'un coup de peigne, ses cheveux ruisselèrent comme un torrent d'ébène sur la mâte blancheur de sa peau. Anna lui prodigua les soins les plus délicats.

Esther était dans le ravissement.

Peu habituée à tout ce luxe, elle faisait de vains efforts pour ne pas laisser deviner à sa femme de chambre les impressions qu'elle ressentait.

Sa toilette achevée, elle se fit servir du thé et des sandwich.

Coralie causait familièrement avec la jeune fille, comme si elle l'avait toujours connue; elle se sentait déjà prise d'attachement pour cette malheureuse enfant, qui s'endormait ainsi confiante au bord d'un abîme, creusé par l'avarice et la cupidité de Mme Delcourt.

Vers le milieu de la journée, Anna vint annoncer la visite de M. d'Argentin, à ce nom, un tressaillement nerveux parût sur le visage d'Esther, elle ne pouvait envisager sans trembler celui qui d'un mot pouvait détruire tout le bonheur qu'elle avait rêvé; car Esther, malgré la confiance qu'elle avait dans l'honneur du baron, n'était pas exempte des craintes qu'inspire à une jeune fllle un amoureux, surtout lorsqu'il peut être redoutable.

M. d'Argentin se présenta devant Esther avec cette aisance parfaite, ce sans-façon de bon goût de l'homme du monde.

Permettez-moi, Mademoiselle, dit-il, de m'informer d'abord, si le voyage de long-cours que vous avez entrepris, ne vous a pas fatiguée; je suis bien barbare en vérité de vous avoir fait parcourir au détriment de votre repos, les étapes de Bayonne à Paris.

Monsieur le baron, reprit Esther, laissez-moi vous remercier au nom de ma mère et au mien, d'avoir bien voulu vous occuper de notre famille.

Recevez l'expression de ma reconnaissance la plus vive, et en disant ces mots elle cherchait à cacher son trouble.

M. d'Argentin informa ensuite Esther que Mme Delcourt avait été nommée directrice d'un bureau de tabacs à Bayonne.

Ce premier entretien avait pris la tournure d'une aimable causerie, à laquelle assistait la respectable *madame Coralie*.

Plusieurs jours se passèrent sans amener aucun changement dans l'existence d'Esther.

Elle avait reçu une lettre de sa mère, l'engageant à mettre sa confiance dans M. d'Argentin; il avait tenu toutes ses promesses, sa pension avait été doublée, Mlle Laure, par ses grâces et sa beauté avait attiré au magasin de M. Delcourt, tous les lions bayonnais.

Nous arrivons de suite à l'épisode qui devait avoir une si fatale influence sur l'avenir d'Esther. Le baron savait bien ce qu'il faisait en usant de prudence auprès de la *jolie fille*. Il savait qu'on perd la partie la mieux engagée, faute de patience. Bien qu'il fût de plus en plus empressé auprès d'Esther, bien qu'il l'eût comblée de ces soins, de ces attentions délicates qu'un amant seul peut donner, il n'avait pas encore pu faire pressentir le dénouement de son intrigue si bien ourdie.

Par une de ces chaudes soirées de juin, où la température orageuse exerce son influence délétère sur les natures impressionnables, d'Argentin avait été retenu à dîner chez Esther.

La toilette du baron était d'une simplicité parfaite, seulement un brillant d'une grosseur prodigieuse étincelait au milieu de la fine batiste décorant sa poitrine.

Quant à Esther, elle avait un magnifique peignoir de soie mauve relevé de dentelles, sa poitrine légèrement décolletée, laissait apercevoir la ferme rondeur de deux seins, au milieu desquels pendait un petit médaillon parsemé d'étoiles et de rubis.

Tout ce que l'art culinaire peut inventer pour flatter le palais délicat d'une jolie femme se trouvait réuni sur la table d'Esther.

Mme Coralie avait été obligée ce jour-là d'aller à Bougival, pour visiter une petite ferme qu'elle avait louée à un paysan.

A son grand regret, elle n'avait pu assister au raout, elle en avait témoigné tout son désespoir. Néanmoins avant son départ (car ce voyage avait été prémidité d'avance, d'après les instructions reçues), tout avait été dressé de façon à ce que rien ne manquât pour faire honneur à M. le baron.

La petite soubrette suffisait à elle seule pour le service de la table.

Bientôt sous l'influence des mets succulents, la causerie, d'aimable et enjouée qu'elle était d'abord avait pris un laisser-aller plein de charme.

Le baron s'était rapproché d'Esther et en lui prenant les mains lui disait :

« Vous souvient-il, Mademoiselle, du bal de la
« préfecture de Bayonne ; vous exigiez d'être
« oubliée, alors ! ingrate ! était-ce possible, après
« vous avoir vue, après être resté fasciné par vos
« beaux yeux, par vos charmes tous puissants ;
« chère Esther ! laissez-moi vous dire combien je
« vous aime, laissez-moi me jeter à vos pieds pour
« vous exprimer tout ce que je souffre, car hélas !
« mon amour n'est point partagé ; ah ! qu'il
« est malheureux de n'être point compris, la
« mort est préférable à un pareil supplice. »
« Dites un mot, un seul, adorable enfant, et je
« m'éloignerai le cœur plein d'espérances, je cache-
« rai à tous les yeux cet aveu charmant que lais-
« sera tomber vos jolies lèvres » et en disant ces paroles, il s'était tellement rapproché d'Esther, que sa bouche effleura les blanches épaules de la jeune fille, sur lesquelles il déposa un baiser aussi ardent que passionné ; à ce contact Esther fris-sonna, elle repoussa le baron en lui disant :

« Vous savez tout ce que je vous dois, la pau-
« vre bayonnaise ne sait pas dissimuler ; ah ! Mon-

« sieur, si vous m'aimez réellement, partez de suite,
« chaque minute augmente mon trouble, n'abusez
« pas d'une pauvre fille qui vous sera fidèle, dé-
« vouée, mais qui n'a que son honneur pour
« dot. »

Ah! chère Esther, combien vous me rendez heureux! en ne refusant pas les hommages d'un cœur
qui vous appartient, et qui brûle du feu vivifiant
de l'amour le plus pur.

En ce moment Anna apporta le punch glacé,
les salades d'ananas, les liqueurs des îles, puis
elle disparut derrière les draperies.

L'observateur attentif eut pu distinguer le grin-
cement d'une clé tournant dans la serrure.

Les premières lueurs du crépuscule se répandaient
dans les jardins, la fenêtre était entr'ouverte, les
les suaves parfums des fleurs pénétraient par bouf-
fées embaumées dans le boudoir coquet.

On entendait au loin le vague écho des mur-
mures de la grande ville qui s'éveillait au plaisir.

Esther se leva, elle s'approcha du piano et se
mit à chanter :

> Enfants, la rive est embellie
> De liserons, de boutons d'or ;
> N'effeuillez pas la fleur jolie
> Qui de l'abeille est le trésor ;
> Ne touchez pas au riche voile
> Que Dieu donne aux mois printanniers ;
> Laissez au lys sa blanche étoile,
> Laissez les roses aux rosiers.

Beaux séducteurs au doux langage
Qui semez l'or à volonté,
Des jeunes filles du village
Respectez l'humble pauvreté ;
N'allez pas en larmes amères
Changer la paix de leurs foyers ;
Laissez ces enfants à leurs mères,
Laissez les roses aux rosiers.

Rois qui des palmes de la guerre
Voulez orner vos pavillons,
Laissez pour le bien de la terre
Le laboureur à ses sillons ;
N'enlevez pas à leurs amies,
Ces gais pasteurs, ces bateliers ;
Laissez vos foudres endormies,
Laissez les roses aux rosiers.

Et vous dont les tristes sentences
Ne nous présagent que malheurs,
N'effeuillez plus nos espérances,
Ne fanez plus nos jours en fleurs ;
Laissez les brises tutélaires
Parfumer nos rudes sentiers ;
Passez, passez, rêveurs austères,
Laissez les roses aux rosiers. (1)

Pendant que la voix pure et suave de la jeune fille s'élançait vers le ciel, le baron avait entouré doucement sa taille fine, gracieuse, et lorsque la romance fut terminée, il imprima sur les lèvres d'Esther un long baiser brûlant.

La jeune fille, sous l'influence des vins capiteux et d'une température digne du climat des Antilles,

(1) Paroles de CHAUBET, musique d'ETIENNE ARNAUD.

ne put résister à cette attaque si brusque, elle se laissa aller doucement à l'étreinte du baron qui la couvrait de baisers, son peignoir s'était ouvert, et au milieu des flots de dentelle, apparaissaient les formes les plus blanches et les plus pures.

Ses seins se tenaient fermes et droits, sa chevelure, d'un noir de jais, ondoyait ce beau corps, qui frémissait aux premières atteintes de la volupté . . . .

. . . . , . .

Le baron, rempli d'ivresse, savoura longuement son bonheur.

Lorsque Esther recouvra la raison, elle se trouva seule et se mit à pleurer.

La nuit était venue, elle eut peur, elle appela Anna qui s'empressa d'accourir.

La soubrette fit disparaître le désordre qui régnait dans sa chambre, elle entoura sa maîtresse des soins les plus touchants.

Esther la remercia affectueusement, puis se mit à réfléchir sur sa triste position.

Les conséquences terribles qu'un moment d'oubli devait avoir sur sa destinée lui apparurent soudain ; le désespoir le plus profond s'empara de son âme, en se rappelant les circonstances fatales qui avaient amené sa chute.

La fatigue l'endormit bientôt dans ce lit voluptueux, doux refuge d'une vierge qui devait se réveiller courtisane.

Le baron continua ses visites à la maison de la rue Saint-Georges et devint de plus en plus amoureux après chaque défaite d'Esther.

Celle-ci commençait à s'étourdir au milieu du luxe effréné dont l'entourait le serviteur de l'empire, car l'or payait les débauches de ses souteneurs.

Esther faisait régulièrement une promenade au Bois de Boulogne dans un joli petit coupé, présent de d'Argentin.

On voulut savoir dans le monde interlope quelle était cette nouvelle prêtresse de l'amour. Bientôt Esther, sur les sages avis de Coralie qui avait été confidente de son premier péché et qui l'en avait absous, donna quelques raoûts, où des fidèles, des purs étaient seuls invités.

Esther acquit bien vite la renommée que sa beauté surnaturelle était en droit d'atteindre.

Les convives étaient rares, peu de mortels furent assez heureux pour avoir le bonheur de pénétrer dans le sanctuaire de la jolie fille.

Esther, aimable, enjouée, espérait ramener le baron à l'épouser; elle avait même formé à ce sujet un petit complot avec Coralie, complot qui fut dévoilé au baron aussitôt qu'il fut formé.

La jolie bayonnaise, en faisant la coquette avec l'un, avec l'autre, était restée d'une fidélité inaltérable envers son amant; cette fidélité devait être sa perte. Si le serpent de la jalousie avait pu mordre le cœur endurci du baron, celui-ci, au lieu de s'endormir dans les délices de Capoue et de rêver d'autres amours, serait devenu l'esclave fidèle de la trop confiante Esther.

CHAPITRE VI.

LA SÉDUCTION

Mort de Mme Delcourt.

Le baron fut envoyé à Biarritz, ainsi que plusieurs grands dignitaires de l'empire, pour préparer la venue du chef de l'État.

Il rendit une visite à Esther avant son départ et lui promit de s'arrêter à Bayonne pour voir sa mère, en même temps elle le pria de remettre une lettre à sa sœur. Esther avait écrit plusieurs fois à Laure, mais les lettres qu'elle recevait de Bayonne ne contenait plus l'expression de leur premier amour.

Les lettres d'Esther étaient envoyées à la poste par Coralie qui les remettait au baron. Celui-ci n'expédiait que les lettres où il n'était pas question de leur liaison.

La lettre remise au baron eut la même sort que les précédentes.

Comme on le pense bien, après les visites officielles, M. d'Argentin s'empressa d'aller voir Mme Delcourt et son aimable fille.

Il fut reçu de la manière la plus affable par la veuve, Laure lui prodiguait les remerciements les plus chaleureux et l'appelait le bienfaiteur de la famille.

Il fut retenu à dîner, pendant le repas il prodiguait à sa voisine, la petite Laure, les attentions les plus délicates.

La jeune fille avait dépassé toutes les promesses de sa beauté précoce ; d'une nature plus vigoureuse qu'Esther, elle était ce qu'on appelle une véritable perle.

De longs cils noirs ombrageaient ses yeux, lançant les feux les plus ardents ; quand elle souriait (ce qui lui arrivait souvent), elle laissait apercevoir une double rangée de dents plus blanches que l'ivoire.

Son teint coloré, ses longs cheveux noirs, artistement tressés, ses petites mains blanches et potelées, en un mot, tout cet ensemble de grâce et de fraîcheur avait été apprécié, en fin connaisseur, par M. d'Argentin.

Plusieurs fois pendant le repas le pied de Laure se trouva retenu par celui du baron, celle-ci le retirait en rougissant ; puis, sous un prétexte quelconque, pour offrir des fruits par exemple, le vieux lovelace effleurait les joues roses et colorées de la jeune fille, qui se penchait en souriant.

Le dîner fut charmant, le baron possédait le secret de la causerie vive et spirituelle, et Mme Delcourt ne le cédait en rien à celui-ci pour lui donner la réplique.

Le baron se leva, offrit son bras à Laure et la conduisit, ainsi que Mme Delcourt, dans un petit cabinet de verdure situé derrière la maison. Le moka fumant attendait les convives. D'Argentin s'était mis près de Laure ; chaque fois que celle-ci parlait de sa sœur, le baron ne pouvait retenir un vif sentiment de dépit, et, d'une façon adroite, il changeait aussitôt le cours de la conversation.

« Mademoiselle, lui disait-il tout bas, que je
« serais heureux de m'éloigner des soucis du monde
« et de la politique et de passer mes jours entre
« la respectable Mme Delcourt et son adorable fille.

« Depuis que je vous ai vue, mes yeux ne se
« lassent pas de vous contempler, votre beauté
« éblouissante a subjugué mon cœur.

« Je sens que je ne m'appartiens plus, ma vo-
« lonté fléchit devant des charmes aussi puis-
« sants. »

Laure, muette et interdite, ne savait quelle contenance tenir ; Mme Delcourt fixait sur sa fille de petits yeux gris qui semblaient vouloir pénétrer ses plus secrètes pensées.

Quant au baron, il continua la conversation avec le même entrain, comme s'il n'eut rien dit de particulier à la jeune fille.

L'audace et l'astuce de cet homme, le faisait se jouer des périls et des écueils du monde, avec une facilité vraiment remarquable. Il fut convenu que le lendemain Mme Delcourt rejoindrait avec Laure M. d'Argentin à Biarritz.

Celui-ci devait se hâter de remplir sa mission pour retourner à Paris.

Il avait reçu une lettre d'Esther l'engageant à ne pas prolonger son voyage.

Après une journée passée délicieusement et où le baron avait trouvé plusieurs fois l'occasion de témoigner son amour à Laure, amour que celle-ci ne repoussait point, sans cependant l'encourager, M. d'Argentin proposa une promenade en mer.

On devait partir de la plage des Basques et rester une heure au plus.

Mme Delcourt était souffrante, mais ne voulant pas priver sa fille d'un plaisir assez rare, la veuve n'hésita pas à la confier au baron ; les convenances étaient sauvegardées, une connaissance de la famille devait les accompagner.

Le pêcheur vint informer ses passagers qu'il faisait un calme plat et qu'il serait bon d'en profiter.

Le baron d'Argentin donnant le bras à Laure, s'achemina vers la plage ; ils attendirent Mme Laroche, une amie de Mme Delcourt ; au bout de quelques instants, ne la voyant point paraître, ils s'embarquèrent.

Les premières lueurs du crépuscule s'étendaient

sur la mer ; le bruit des promeneurs, les cris de joie des enfants s'éteignaient peu à peu à mesure que la fragile nacelle s'éloignait du rivage.

Un silence terrible règnait, celui de l'immensité de la mer dont l'horizon semblait en feu.

La lune commençait son ascension majestueuse vers le ciel, elle semblait sortir des flots dont elle argentait les vagues murmurantes.

Une douce brise s'élevait par moment et venait rafraîchir le visage des passagers.

Le baron avait pris la main de Laure que celle-ci avait oubliée dans la sienne ; le pêcheur occupé de sa manœuvre, chantait en patois basque, un vieux refrain maritime.

« Je vous aime, Laure, disait le tendre baron, ma
« vie toute entière se passera à vos genoux. Vous
« êtes belle à faire damner les anges. Oh ! ne re-
« fusez pas de faire mon bonheur ; vous le pouvez,
« vous devez être aussi bonne qu'aimante. Quand
« votre doux regard se fixe sur moi il m'électrise
« et m'enflamme, c'est le ciel qui s'entr'ouvre,
« mon âme s'illumine, c'est alors la félicité sans
« borne de deux cœurs unis dans l'amour le plus
« ardent, le plus pur. »

Puis il se pencha doucement et prit un baiser sur les lèvres de la jeune fille ; celle-ci frissonna et poussa un petit cri ; le cri de l'innocence effarouchée, le pêcheur se détourna, un sourire impercevable parcourut son visage, il reprit sa chanson

Laure était en proie à un sentiment étrange, ce qu'elle éprouvait pour le baron n'était point de l'amour, car elle le connaissait depuis trop peu de temps pour l'aimer; mais elle était fascinée par l'attaque soudaine et par les galanteries audacieuses de l'homme de cour.

Celui-ci connaissait sa force, il savait rendre la résistance impossible.

Après avoir vogué quelque temps à l'aventure, la barque attérit devant un délicieux petit châlet, situé sur les bords des rochers.

Le baron prit Laure dans ses bras vigoureux, d'un bond il la transporta sur le sable, puis ils se dirigèrent vers cette demeure élégante, quoique d'apparence rustique.

C'était un de ces nombreux hôtels garnis qui environnent généralement toutes les stations balnéaires à quelques kilomètres à la ronde.

Un domestique les introduisit dans un joli petit salon vert et or donnant sur le bord de la mer.

D'Argentin fit servir des fruits, des conserves, des vins d'Espagne. Puis, lorsqu'ils furent seuls, le baron renouvela ses serments d'amour; Laure ne le repoussait point; elle sentait peu à peu sa résistance faiblir, sous l'influence du Xérès dont le baron avait soin de remplir fréquemment sa coupe, elle éprouvait un malaise inconnu; une étrange chaleur lui montait au cerveau, sa mémoire s'éteignait, sa figure brûlait, ses yeux se fermèrent langoureusement.

Une douce ivresse, celle de désirs inconnus inondait tout son corps, et la faisait tressaillir. Cependant, le sentiment du danger lui vint comme une lueur fugitive ; je vous en supplie, dit-elle au baron, laissez-moi, ne songez plus à cet amour, n'abusez point des sentiments que mon âme n'a pas sû cacher, et que mes yeux n'ont pu dissimuler.

T'oublier, adorable enfant, plutôt mille fois la mort ; je t'aime Laure, je t'aime comme un fou, et en disant ces mots, le baron tenait la jeune fille renversée entre ses bras, sa tête effleura la sienne, ses lèvres se collèrent voluptueusement sur la bouche de Laure, comme pour ne plus s'en séparer.

D'une main rapide et agitée, le séducteur avait déjà brisé les fragiles obstacles, dernier rempart de l'innocence vaincue.

. . . .

. . . .

. . . .

Lorsque Laure entr'ouvrit ses yeux noyés par le plaisir, les étoiles scintillaient au ciel, la brise de la mer leur apportait avec la fraîcheur des nuits d'été, l'écho lointain de la chanson du marinier.

Ils se dirigèrent alors vers la plage ; les pieds mignons de la belle enfant laissaient leur délicieuse empreinte sur le sable humide de la grève.

Ils s'avançaient lentement ; le baron, ivre de son

bonheur, la jeune fille avec effroi songeait aux con-séquences terribles qu'entraîne une première faute, ils contemplaient en silence le spectacle grandiose de la mer dont les vagues mugissantes venaient expirer à leurs pieds.

Ils rejoignirent bientôt le léger esquif qui devait les reconduire à Biarritz.

Le vent s'était levé, la mer était devenue houleuse, Laure en proie à la crainte, s'était cramponnée au bras de son amant.

Celui-ci souriait, son visage calme s'éclairait d'une étrange lueur.

La barque apparaissait tout à coup au sommet des vagues, puis plongeait rapidement dans le gouffre pour se relever ensuite ; semblable aux goëlands, elle jouait avec les flots.

La robe blanche de la jeune fille s'apercevait du rivage, les rubans et les fleurs semés dans sa noire chevelure volaient au gré des vents.

Le baron d'une voix forte et vibrante entonna la chanson de Faust :

Vous qui faites l'endormie, etc.

La romance n'était pas achevée, qu'ils aperçurent les blanches cabines des baigneurs, la pittoresque plage des basques, où ils ne tardèrent pas à s'arrêter ; le baron s'élança sur le rivage accompagné de la jeune fille, ils se dirigèrent rapidement vers l'hôtel où les attendait Mme Delcourt.

A la vue de sa mère, Laure ne savait quelle contenance tenir, tant sa confusion était grande.

Mme Delcourt se trouvant plus souffrante, elle questionna peu, et priant M. d'Argentin de l'excuser, ils se hâtèrent de rejoindre Bayonne où ils arrivèrent très-tard.

Le baron prit congé de ses hôtes, en promettant de revenir le lendemain.

Arrivé dans son appartement, fatigué par les émotions de la journée, il se coucha, mais avant de s'endormir, le lovelace repassait agréablement dans sa mémoire les divers incidents de la journée, lorsqu'un violent coup de sonnette retentit à la porte de l'hôtel, suivi d'un second, puis d'un troisième.

Un domestique courut ouvrir et presque au même instant on frappait à la porte du baron ; celui-ci sauta à bas de son lit, s'habilla à la hâte, il ouvrit, un homme entra le visage effaré en s'écriant : Monsieur le baron, veuillez m'excuser, je suis un voisin, Mme Delcourt vient de succomber à une attaque d'apoplexie; Mlle Laure est tombée évanouie, le médecin a eu toutes les peines du monde à la faire revenir ; et lorsqu'elle a repris ses sens, elle a prononcé votre nom, puis elle m'a prié d'aller vous prévenir.

Le baron n'en attendit pas davantage, et se précipitant sur les pas du loquace voisin, en deux enjambées il fut à la maison des *jolies filles*.

Hélas ! en présence du corps inanimé de la veuve, de Laure le visage baigné de larmes, à genoux aux pieds de sa mère, d'Argentin ne put s'empêcher de ressentir une certaine émotion.

Il prit la main de Laure et lui dit : « Mon enfant
« ayez confiance en Dieu, votre mère était une
« sainte ; en la rappelant près de lui, il laisse ici-
« bas pour la remplacer un homme de cœur qui ne
« vous abandonnera jamais. Séchez vos larmes,
« songez qu'il faut du courage pour supporter
« les peines terribles qui nous surprennent à
« l'improviste, mais qui par la souffrance qu'elles
« occasionnent , purifient nos cœurs et nous
« rendent digne du céleste séjour, où nous retrou-
« verons votre mère bien-aimée. »

Ces paroles dites avec l'accent de la vérité (car le baron était sincère en ce moment) se répandirent sur le cœur de la jeune fille brisée par l'émotion, comme la douce rosée du matin sur les fleurs desséchées par les baisers ardents du soleil.

Laure se leva, jeta un dernier regard sur le corps de sa mère, et toute en pleurs elle fut conduite chez une de ses amies d'enfance.

. . . .

Deux jours après ce triste événement, la maison des *jolies filles* était vide.

Comme les hirondelles fugitives, celles qui l'habitaient étaient parties ; mais moins fidèles que les messagères du printemps, elles ne devaient plus revenir.

Le baron partit avec Laure pour Orléans, afin de la soustraire à de lugubres souvenirs ; mais avant de quitter Bayonne il avait pris les dispositions nécessaires pour sauvegarder les intérêts des D^lles Delcourt.

CHAPITRE VII.

ARRIVÉE DE LAURE A ORLÉANS.

Le baron d'Argentin retourne à Paris.

M. d'Argentin était en proie à une sombre inquiétude, son imagination reculait devant le crime abominable que ses instincts pervers, lui avait fait commettre ; il se trouvait dans une situation fausse et ne voyait aucun moyen d'en sortir.

Il avait laissé la jeune fille à Orléans, sous prétexte de préparer Esther à la triste nouvelle de la mort de sa mère, la vérité est qu'il songeait à mettre à profit les quelques heures qui le séparait de Paris. afin d'aviser au moyen de réparer le mal qu'il avait fait.

Plus il sondait les profondeurs de l'abîme, moins il trouvait la bienheureuse issue qui devait lui permettre d'échapper au juste châtiment qui l'attendait.

Les plus sinistres pensées traversaient son cerveau, toutes les vierges folles qu'il avait aimées, puis abandonnées, entr'autres Malaga, dansaient dans son imagination surexcitée une sarabande infernale ; il doutait de sa force ; se trouvant seul vis-à-vis de lui-même, il eut peur.

Il revoyait Esther qu'il avait quittée il y a peu de jours.

En messager sinistre, le baron devait annoncer à la pauvre enfant la mort de sa mère, en portant au front le sceau terrible du déshonneur de Laure.

Arrivé à son hôtel, le baron s'enferma dans sa chambre et donna l'ordre à son domestique d'interdire sa porte.

Il appuya sa tête dans ses mains comme un homme absorbé par une profonde méditation. Puis se levant, il fit quelques pas dans la chambre, il sonna son domestique et se fit servir un léger repas qu'il absorba machinalement.

Il fallait pourtant sortir de cette terrible alternative, et comme son esprit fatigué demandait le repos, il remit au lendemain sa dernière décision.

Comme il arrive fréquemment, on espère éviter le péril en gagnant du temps, le baron s'était arrêté à ce dernier parti ; il se leva de bonne heure et se mit à écrire la lettre suivante à Laure, qui devait d'un moment à l'autre rejoindre sa sœur à Paris :

« Mademoiselle,

« Je m'empresse de vous écrire, selon ma promesse ; comme vous l'aviez bien pensé, il est des

« devoirs à remplir tellement pénibles, qu'ils
« abreuvent l'âme d'amertume ; je surmonterai ma
« douleur et j'apprendrai aujourd'hui même à
« Mlle Esther, la fatale nouvelle.

« Chère Laure, recevez le conseil de celui qui
« vous aime sincèrement, retardez de quelques jours
« votre départ d'Orléans, laissez à votre sœur le
« temps nécessaire pour que votre vue ne rouvre
« pas la plaie saignante creusée par le chagrin.

« Quant à vous, belle et noble enfant, prenez
« courage, je veillerai sur vous, je réparerai mes
« torts, car mon plus grand désir est de vous voir
« heureuse.

« Ecrivez à cette bonne Esther, donnez-lui du
« courage, donnez-lui l'exemple de la résignation
« aux volontés divines ; et vous serez son ange
« consolateur.

« Quant à moi, fidèle à ma mission réparatrice,
« je serai sous peu à Orléans d'où j'espère pouvoir
« vous ramener à Paris.

« Et maintenant, chère Laure, excusez l'émo-
« tion qui fait trembler ma plume, au souvenir du
« passé auquel se mêle l'amertume et les tristesses
« du présent.

« Celui qui vous aime,

B^{on} D'ARGENTIN. »

« P. S. Je vous donne la nouvelle adresse
« d'Esther ; elle demeure rue Montmartre, 145. »

Le post-scriptum de la lettre renfermait un odieux mensonge, Esther n'avait point changé de domicile.

Le baron redoutant une terrible indiscrétion de Laure, lui avait donné l'adresse d'un ami chez qui, il devait prendre ses lettres.

D'Argentin le cœur un peu plus léger, après avoir mis lui-même sa lettre à la poste, se dirigea vers la demeure d'Esther.

En apercevant le baron, la jeune fille se jeta dans ses bras, et celui-ci la couvrit de baisers ; l'absence semblait avoir redoublé son amour.

D'Argentin avait résolu d'annoncer en peu de mots, la triste fin de Mme Delcourt, en coupant court aux questions multipliées d'Esther.

Mon enfant, dit le baron, vous me demandez des nouvelles de votre mère ; quand je suis parti, elle était bien souffrante, le médecin ne la quittait pas, mais cependant j'espère, en rentrant chez moi, trouver la nouvelle d'une amélioration.

« Ma pauvre mère, s'écria la jeune fille, oh ! il
« faut que je parte, il n'y a que moi qui puisse la
« soigner, ma vue hâtera sa guérison. »

Chère Esther, calmez-vous, séchez vos pleurs et espérez, demain je pourrai vous donner de bonnes nouvelles.

Le lendemain, le baron annonçait à la pauvre fille qu'elle n'avait plus de mère !

Ce fût une scène déchirante, Esther tomba fou-

droyée sur le parquet ; Coralie et le baron la trans-
portèrent dans sa chambre, avec les sels les plus
énergiques elle revint à elle, le baron la déshabilla ; elle se laissa faire comme un enfant.

Enfin, deux ruisseaux d'abondantes larmes coulèrent sur ses joues ; elle donnait ainsi un libre
cours à la douleur qui la suffoquait.

D'Argentin la quitta en lui posant un baiser sur
le front, il la recommanda aux soins d'Anna et de
Coralie.

Une fois dans la rue, le baron respira l'air à pleins
poumons, la douleur profonde d'Esther dont il
appréciait le noble caractère, l'avait fortement ému.

Il avait appris avec quelle prudence, quelle
réserve, Esther s'était conduite pendant son voyage
à Bayonne, comment, au milieu des séductions, du
monde et des plaisirs, elle lui était demeurée
fidèle.

Coralie n'avait pas tari sur ce chapitre-là, c'est
au point disait l'ancienne courtisane, que j'étais
obligée de la tourmenter pour l'amener à la promenade.

Son caractère vif et enjoué était devenu sérieux ;
les raouts avaient cessé, pas un ami n'avait franchi
le seuil de l'appartement d'Esther.

Ce dévouement, cet amour sans borne, ne faisaient qu'augmenter les remords du baron ; le souvenir de Biarritz s'imprimait sur son cœur, comme
un fer rouge et le torturait.

Il aurait donné la moitié de sa vie pour effacer à jamais le souvenir de son lâche attentat. Le lovelace avait perdu sa gaîté et sa puissance fascinatrice ; il fuyait les plaisirs, son sommeil était agité par d'étranges visions, en sondant l'avenir, il craignait le bras vengeur de l'innocence.

Laure avait écrit à sa sœur, à l'adresse donnée par le baron.

Celui-ci avait fait répondre par Carolie, mais comme il espérait prolonger plus longtemps le séjour de Laure à Orléans, en allant la voir, il partit dès le lendemain, pour ne rester qu'une journée et revenir de suite.

La pauvre Laure était reléguée dans un triste appartement, sans aucune distraction que quelques promenades en voiture, dans la cité de Jeanne d'Arc ; cette solitude ne faisait qu'augmenter sa tristesse et son découragement. La lettre qu'elle avait reçue du baron était empreinte d'une certaine froideur qui ne lui avait pas échappée ; elle commençait à apprécier le sénateur.

Pendant des journées entières, elle demeurait seule dans sa chambre, en proie aux plus sombres pensées ; la vie lui devenait d'une amertume insupportable ; elle songeait à sa faute, elle se voyait à jamais perdue, devenue le jouet d'un lâche parjure. Les lettres de sa sœur, loin de la consoler ne faisaient que redoubler sa douleur ; celle-ci exhaltait le baron comme l'homme de bien, toujours bon et généreux qui les avait sauvées; elle résolut de savoir dans quelle situation se trouvait Esther à Paris, elle pressentait d'avance la terrible réalité.

Après avoir reçu une lettre de M. d'Argentin, dans laquelle celui-ci avait été encore plus laconique, plus réservé que dans la première, et qui se terminait par l'annonce de son arrivée à Orléans, Laure n'hésita plus, et, sans attendre le baron, elle résolut de partir pour Paris.

Le soir même elle fit ses malles, congédia ses gens et se mit en route.

Pendant ce temps, M. d'Argentin roulait vers Orléans.

CHAPITRE VIII.

ENTREVUE DES DEUX SŒURS.

Le baron en arrivant à Orléans courut à l'appartement de Laure, qu'il trouva vide ; on lui annonça que la jeune fille était partie dans la journée pour Paris.

A cette nouvelle, il chancela comme un homme frappé de la foudre, il devint pâle comme la mort, cependant, après quelques minutes d'une prostration complète, il se remit peu à peu, puis il sortit et se dirigea vers la gare, prit un léger bouillon et monta en voiture, pour revoir les lieux témoins du drame lugubre dont il avait ourdi la sinistre trame.

En arrivant à Paris, Laure se fit conduire chez sa sœur. Elle monta en voiture en donnant au cocher l'adresse d'Esther.

Le véhicule roulait avec une lenteur désespérante, il y a peu de voyageurs qui n'aient fait leur purgatoire dans ces maudites voitures de Paris, si improprement appelées *vigilantes*.

L'automédon descendit bientôt de son siége pour frapper à une immense porte cochère d'un élégant hôtel. Un domestique ouvrit. Mlle Esther Delcourt est-elle chez elle, demanda Laure, qui était descendue et se disposait à entrer.

Madame fait sans doute erreur, répondit le domestique, car il n'y a personne de ce nom dans la maison.

A cette réponse, tous les pressentiments de Laure lui revinrent à l'esprit.

Mais monsieur, dit-elle, vous devez recevoir des lettres venant d'Orléans, pour cette dame ?

Le jeune homme prit un air mystérieux, décomposa sa figure et par une pantomime expressive, donna à comprendre à son interlocutrice, qu'il connaissait le mystère, mais qu'il ne voulait pas le dévoiler.

Laure prit alors un louis dans sa bourse et le donna à celui-ci qui reprit aussitôt la parole :

Cet hôtel, mademoiselle, est celui de M. X..., il a reçu, en effet, des lettres pour Mlle Esther Delcourt, c'est moi-même qui les ai remises à M. le baron d'Argentin, d'après les ordres de mon maître. Je puis compter sur la discrétion de mademoiselle ?

Laure lui promit le silence et se fit conduire cette fois chez Esther.

Celle-ci était dans son boudoir, nonchalemment étendue sur des coussins et parcourant d'un œil distrait un roman à la mode, lorsque la porte s'ouvrit avec fracas donnant passage à Laure qui se précipita dans les bras de sa sœur.

Les deux jeunes filles demeurèrent étroitement embrassées, elles ne pouvaient se rassasier du bonheur de se retrouver, après les tristes événements qui s'étaient écoulés depuis leur séparation.

Puis Esther fit asseoir sa sœur près d'elle et la pria de lui faire ses confidences.

Ce fut la rougeur au front et la voix tremblante d'émotion que Laure lui raconta l'arrivée de M. d'Argentin à Bayonne, ses insinuations perfides, son insistance à la poursuivre de son amour et enfin la fatale soirée de Biarritz. Tout à coup Esther se leva ; elle étouffait, une rage sourde bouillonnait dans son cœur, sa main crispée renversait tous les objets qui se trouvaient près d'elle, la fureur du désespoir la faisait ressembler à la *folie*, elle s'agitait en tous sens, mordue, torturée par le serpent de la jalousie, par le souvenir de sa honte, en quelques secondes elle endura toutes les angoisses qui peuvent déchirer le cœur d'une femme jeune et belle qui trouve en sa sœur une rivale. Laure s'efforçait vainement de la calmer ; ses paroles l'irritaient davantage, elle se détournait du visage de sa sœur.

Laure se jeta alors à ses pieds et s'écria en sanglotant : « Au nom de notre pauvre mère, Esther,

« je te jure que je ne l'aime pas, non, je le déteste,
« je le hais. Oui! je le hais et je le maudis! » Puis
elle tomba inanimée aux pieds de sa sœur.

En la voyant dans un si triste état, Esther appela
du secours et aussitôt Anna et Coralie apparurent;
elles portèrent le corps de la pauvre Laure sur un
lit et lui prodiguèrent les soins que réclamaient
son état. Ce ne fut que lentement et après avoir
employé les secours les plus énergiques qu'elle
revint à elle.

En ouvrant les yeux, elle se trouva dans les bras
d'Esther qui l'embrassait tendrement en lui disant;
« Chère sœur, je te pardonne le mal involontaire
« que tu m'as fait, oublions à jamais cette fatale
« journée, ne songeons qu'au bonheur d'être en-
« semble et à celui de ne plus nous quitter. »

Le soir, Laure se sentant beaucoup mieux, raconta à sa sœur la triste fin de Mme Delcourt; elles
versèrent d'abondantes larmes en songeant à leur
mère, dont l'égoïsme avait étouffé la prévoyance
et donné naissance à leur infortune.

Les deux sœurs acquirent bien vite la certitude,
par l'examen de leurs lettres, que le baron les avait
toutes lues. Le ressentiment d'Esther s'accrut davantage à mesure que se déroulait devant son âme
stupéfaite les perfidies du baron.

La nuit était venue, Laure embrassa sa sœur,
elle se retira dans un appartement que lui avait fait
préparer celle-ci.

Esther demeurée seule, ne dormit point ; elle repassait dans sa mémoire tous les événements pénibles qui avaient agité sa vie depuis quelques mois.

Elle ne pouvait faire un crime à sa sœur d'avoir glissé dans l'abîme où elle-même était tombée. Mais ce qu'elle ne pardonnait pas au baron, c'était sa lâcheté et son infâme hypocrisie. Cet homme avait brisé l'avenir de deux jeunes filles ; semblable au vautour qui fond sur sa proie, il était venu les arracher des bras de leur mère pour emporter ses victimes dans le tourbillon des plaisirs.

Esther se voyait perdue à jamais, si celui qu'elle aimait encore malgré ses forfaits, venait à l'abandonner.

Soudain, comme l'éclair fendant le nuage laisse apercevoir un sillon éblouissant, Esther eût une pensée lumineuse qui éclaira son esprit et lui montra au loin l'espérance.

Mais elle détourna la tête, une larme roula de ses yeux et vint tomber à ses pieds ; elle se rappelait les courts instants de bonheur passés avec le baron, ses promesses réitérées et ses faux serments.

Elle n'osait sonder l'avenir qui lui apparaissait dans toute sa terrifiante réalîté.

En songeant à sa sœur, pauvre enfant victime d'un caprice passager, son amour pour elle lui faisait une devoir de ne pas l'abandonner.

Esther résolut d'être ferme et inébranlable ; il fallait employer tous les moyens possible pour agir sur l'esprit du sénateur.

Esther connaissait la puissance de ses charmes sur son amant.

Bonne et généreuse, elle voulait lui pardonner son passé, en lui donnant sa main comme prix de la réconciliation.

Puis elle voyait le baron se retranchant, non pas dans un refus, mais éludant ses projets ; cette appréhension terrible lui donnait le vertige, elle grinçait des dents comme une lionne, la sueur coulait sur son front pâle ; elle devenait alors la personnification vivante de la vengeance, en proie à toutes les furies du désespoir.

CHAPITRE IX.

LE COUP DE POIGNARD.

Le baron était arrivé à son hôtel, le corps brisé par les fatigues de son rapide voyage. Jean n'osait questionner son maître, mais l'œil perspicace du domestique avait lu sur son visage le secret de ses insomnies et de ses fréquentes excursions.

Après une nuit de repos. d'Argentin se sentit un peu mieux ; il se leva et se rendit dans son cabinet de travail dans l'intention d'écrire à Esther.

A peine sa plume traçait-elle les premières lettres, que Jean vint lui annoncer qu'une dame désirait vivement lui parler.

Et en disant ces mots, le domestique remit une carte au baron. Celui-ci lut : Esther Delcourt.

D'Argentin pâlit affreusement. Esther savait tout, il était perdu. Cependant il fit appel à son courage et dit à Jean de la faire entrer.

Bientôt le frou-frou de la soie se fit entendre sur

le tapis du pas perdu, puis le bruit cessa, la porte s'ouvrit et Esther vêtue de noir, s'avança vers M. d'Argentin et se plaça devant lui, semblable à la statue de la Résignation. Le baron se leva, la prit par la main et la fit asseoir.

Malgré tous ses efforts, elle ne put surmonter son émotion, elle se mit à pleurer.

A la vue de cette douleur muette et sincère, d'Argentin se précipita aux genoux d'Esther :

Pardonne-moi, ange adorable, s'écria-t-il, oui, pardonne-moi, car je suis bien coupable, j'ai torturé ton cœur, j'ai brisé ton âme, j'ai méconnu tous les trésors d'amour que tu me réservais. Non, je n'étais pas digne de mon bonheur. L'entraînement fatal auquel j'ai toujours obéi m'a fait rechercher le plaisir dans la satisfaction des désirs et non dans les jouissances pures. Dominé par l'exemple des grands-dignitaires de l'empire, j'ai passé les premiers jours de mon opulence dans l'orgie, j'ai méconnu les femmes, je les ai méprisées, le matérialisme, ainsi qu'un voile épais, obcurcissait ma vue, un dernier attentat est venu me rendre la vie insupportable.

Ange de beauté et de douceur, j'ai foulé aux pieds ton amour, je suis un misérable, je ne mérite que ton mépris. Esther releva le baron et surmontant sa douleur, elle lui dit :

« Oui j'ai bien souffert ! Ah ! si le monde pouvait
« connaître les tortures qu'il réserve à ses servants,

« combien de pauvres filles, s'éloigneraient à jamais
« de son souffle empoisonné.

« Avant de vous connaître, Monsieur, j'étais
« heureuse, je riais, je chantais, nul souci ne m'a-
« gitait. Comme une folle enfant, je jouais avec
« les fleurs sous le ciel bleu des Pyrénées.

« Mais vous êtes venu, sous votre haleine brû-
« lante, mon cœur s'est desséché.

« Une maturité précoce a fait place à l'amour
« naissant. La fleur sauvage du midi s'est déve-
« loppée. Les raffinements du luxe en ont fait
« la Parisienne, mais sans altérer son essence pre-
« mière.

« M. le baron, je vous pardonne tout le mal que
« vous m'avez fait, j'oublie vos fautes pour ne voir
« que votre amour, il vous reste un moyen de con-
« quérir tout à fait ce cœur que vous avez blessé,
« mais qui vous est dévoué ; vous avez deviné ma
« pensée, M. le baron, j'attends votre réponse. »
Celui-ci fit un geste qui traduisait sa pensée
non par un refus, mais par une impossibilité.

D'Argentin baissait la tête, il semblait accablé.

Alors Esther, par un mouvement plus prompte
que l'éclair, s'élança sur la table et saisit un poignard
pour l'enfoncer dans son sein ; le baron se jeta sur
elle, une lutte s'en suivit, d'Argentin réussit à s'emparer de l'arme fatale, mais sa main transpercée sai-
gnait en abondance. Quant à la pauvre fille, elle se

roulait sur le tapis en proie à une violente crise nerveuse . . . .

. . . .

Quelques jours après la scène que nous venons de raconter, Esther appuyée dans un fauteuil contemplait son amant avec ivresse, sa main caressait la chevelure de celui-ci assis à ses pieds. Le baron avait un bras en écharpe, mais de l'autre il soutenait la tête de la jeune femme, qu'il devait conduire à l'autel.

Laure n'avait plus revu le baron, mais en l'absence de celui-ci, elle rendait de fréquentes visites à sa sœur.

Lorsque Esther fut tout à fait remise, elle reprit possession de son hôtel de la rue Villeneuve-Saint-Georges; il fut convenu que Laure resterait avec sa sœur jusqu'après la célébration du mariage, qui devait avoir lieu dans un mois.

Le baron avait voulu donner le temps aux deux jeunes filles d'oublier complètement les tristesses du passé pour ne songer qu'au bonheur que leur réservait l'avenir. De plus d'Argentin dotait assez richement Laure pour qu'un honnête homme oubliant une première faiblesse, s'estimerait heureux de s'unir à elle.

Le baron d'Argentin s'était transformé; il avait peu à peu abandonné ce monde vicieux qui avait terni les belles qualités de son âme.

Sa haute position ne lui permettait pas de se

soustraire tout à fait aux devoirs qu'elle lui imposait.

Sans se plaindre, il donna cependant à entendre que ses services n'étaient plus appréciés, bref, il fit jouer les derniers ressorts de l'âme du diplomate; quelques jours avant sa retraite définitive, il fut nommé grand-officier de la Légion d'honneur; il eût de plus l'avantage de ne pas produire sa jeune femme à la Cour impériale. La beauté d'Esther eût pu lui attirer de désagréables aventures.

Comme on connait les saints, on les adore, dit le proverbe.

Le baron connaissait tous les saints de l'empire et il n'avait qu'une médiocre confiance en leurs vertus.

CHAPITRE X.

LA RÉPARATION.

Par une belle matinée du mois d'août, alors que les fleurs répandent dans l'air les parfums les plus suaves, que les oiseaux gazouillaient dans l'épais feuillage traversé par les rayons d'un soleil éclatant, la petite église de Montmorency recouverte de ses plus belles draperies voyait s'agenouiller sur ses dalles M. le baron d'Argentin et Esther toute rouge de plaisir et dont la beauté disparaissait sous les flots de mousseline blanche et de dentelles.

Les fumées de l'encens se mêlaient aux sons harmonieux de l'orgue divin. Puis un vénérable prêtre prononça quelques paroles et les unit à jamais.

Quelques amis intimes assistaient à la cérémonie.

Une jeune femme agenouillée près d'un pilier de l'église cachait dans son mouchoir sa figure baignée de larmes ; c'était Laure qui disparut quand la cérémonie fut achevée.

Puis le baron ramena Esther dans cette chambre si coquette, où un an auparavant ils avaient échangé leur premier serment d'amour. M. d'Argentin était heureux ; le remords qui tourmentait sans cesse sa conscience troublée, s'était enfui au souffle vivifiant du repentir et de la réparation.

Les deux époux formèrent le projet d'abandonner la capitale et d'aller passer leur lune de miel sous le beau ciel de l'Italie. Coralie et Anna furent congédiées, après avoir reçu du baron de magnifiques souvenirs.

Ils partirent quelques jours après avec Jean leur domestique.

Quant à Laure, elle devait demeurer à Paris jusqu'à leur retour.

Les plaisirs de la capitale et l'absence du baron devaient éteindre à jamais dans son cœur, les dernières souffrances de son fugitif amour. Nous la reverrons (1).

FIN.

(1) Voir *Laure ou la Fille vendue.* (Sous presse).

Pamphlets interdits en France

sous le gouvernement impérial

ÉDITÉS A LONDRES, GENÈVE, AMSTERDAM :

Victor Hugo. Les Châtiments, in-8°, 1871. Nouv. édit. augm. du double, av. toutes les pièces interdites; fig.

Idem. Napoléon-le-Petit, in-8°, 1871. Nouv. édition, augm. de la *Nouvelle Caprée*, de l'*Apothéose matrimonial* et de la *Vie d'un illustre sénateur!* figure.

Idem. Le Christ au Vatican. — La Voix de Guernesey. 2 broch. in-16.

Idem. L'attentat du 2 Décembre, avec Notes explic., in-8°.

Idem. L'organographie de Badinguet, d'après Gall et Spurzheim, in-8°.

Idem. La servilité de la magistrature impériale, in-8°.

H. Magen. Histoire satyrique du mariage de César avec la belle Eugénie de Gusman, in-8°.

Idem. Prostitutions et débauches de la famille Bonaparte, de Létitia à Badinguet, in-8°.

Idem. Les amours de l'impératrice Eugénie, etc., vol. in-8°.

Idem. Les amours de Napoléon III, *ou* le lupanar Elyséen dévoilé, in-8°.

Les documents secrets du cabinet de Badinguet, in-8°.

Frédéric II. Les matinées du roi de Prusse, in-18.

Madame César, par un ex-élève de Saint-Cyr. In-8°, br. *Pamphlet satyrique.*

Pierre Silex. La chronique bonapartiste scandaleuse. In-18. *vignettes.*

N. Bruneaux. Vie de M. le baron de Ratapoil, sénateur de l'Empire, etc., etc. In-8°, br.

Chronique scandaleuse de la Magistrature française contemporaine, fort vol. in-12.

Les Mémoires de Badinguet, par E. Ramier, in-16.

L. Vésinier. Le mariage de l'Espagnole, fort vol. in-12.

Lemoigne. Les prouesses de Badinguet, in-16.

Méphisto. Vie satyrique, anecdotique, militaire, politique et galante du prince-comte de Bismark. 1871, in-8°.

V. Arnould. De la Constitution du parti révolutionnaire en France, d'après Gambetta, in-16.

L'Aspic, par Stout ; 3 brochures, in-16. Pamphlet.

L'homme de Prusse ou Guillaume et Bismark dévoilés, par Timon III. *Brux.*, 1871, in-8° ; br.

France et Allemagne. Vengeance !!! par Timon III. *Brux.*, in-8°, br.

Paris sous le bas-Empire, par Lambert. Anecdotes scandaleuses, etc., in-8°.

Les aides de camp du 2 Décembre : Canrobert, Espinasse, de Cotte, in-8°.

Discours de V. Hugo et de Bancel, sur la tombe des proscrits français, br. in-8°.

Le 13 juin, par Ledru-Rollin, etc., etc., in-8°.

Ce que coûte l'empire, ses finances, ses traitements, etc. in-8°.

Les 3 Maréchaux : Saint-Arnaud, Magnan, Castellanne, in-8°.

L'Histrion français, ou le représentant de l'ordre et de la morale, in-18.

Le procès de la Montijo ; (détruit partout en France, par ordre du Gouvernement impérial) in-18, suivi de la Généalogie *épicière* de l'Impératrice Eugénie, in-18.

Le chassepot, in-16. Pamphlet curieux.

Bachelery. La Révolution, in-18 (avec le procès), suivi de l'Assassin impérial.

Napoléon (le prince) Conduite de la guerre d'Orient, 2 vol. in-8°. Pamphlet.

Klapka. La guerre d'Orient, in-8°. Pamphlet.

L. Labarre. Vertus et gloires de l'Empire. Pamphlet, in-12.

La ligue des neutres ; pamphlet contre Napoléon III et la conduite de la guerre, in-18.

Le père Duchêne, pamphlet, par Gustave Maroteau.

H. Rochefort. La Lanterne.

L'homme de Sedan, par le comte Alfred de la Guéronnière ; vol. in-8°.

Ch. Grun. L'Italie contemporaine. 2 forts vol. in-12.

Villebois. Mémoires secrets sur la cour de Russie. Vol. in-8°.

Combes. Histoire diplomatique de la Russie en face de Constantinople et de l'Europe, vol. in-8°.

D'Haussonville, etc. Le *Bulletin français*, avec le Procès en cour d'Assises du Brabant. In-8°.

Lamarquerouge. Tyrannie et liberté. Appréciation de la guerre franco-prussienne. Pamphlet, in-16, vignettes-caricatures.

Némésis. Crimes, exactions, forfaits, cruautés et viols des Prussiens en France, pendant la guerre franco-prussienne. In-8°.

Eugène Sue. Jeanne et Louise *ou* les familles des transportés, à Lambessa et à Cayenne. In-12.

Julius. Les nouveaux châtiments ou les Lanières sanglantes, beau vol. in-8°.

Caron. Les révolutions françaises et la Commune, in-18.

Junius. Dialogues entre M. Prudhomme et la république ; le Café de Madrid, etc., in-18.

Junius. Compte-rendu satyrique des séances de la Commune de Paris, in-18.

Lemaine. Les droits du peuple. La Commune et l'Internationale, in-8°.

Procès de presse et de politique en France en 1868-1869, in-8°.

La **Commune sanglante,** *ou* le Legs incendiaire, par Alfred de La Guéronnière, petit in-8°.

L'**Internationale** et la guerre civile en France, par Alfred de La Guéronnière, in-8°.

La **maison des jolies filles,** *ou* les Débauches d'un sénateur de l'empire, pet. in-8°.

Mémoires de Griscelli, ex-agent secret de Napoléon III, etc., in-12.

Mort tragique d'un officier bavarois, in-18.

Le **delenda carthago** prussien, *ou* la Destruction préméditée de la France par l'Allemagne, in-12.

Compte-rendu du Congrès de l'Association internationale des Travailleurs. In-folio.

CARICATURES SATYRIQUES SUR BADINGUET

Le **congé définitif** de Badinguet. Une feuille, 12 sujets et texte, in-fol.

Le **forçat évadé** ou Badinguet en rupture de ban — de Ham à Cassel. — Une feuille, 9 sujets et texte, in-fol.

Les **candidats au pouvoir** en France. Leurs pr..fessions de foi. Une feuille, 15 sujets et texte, in-fol.

Crimes et folies de Badinguet. Grav. et texte.

Débauches de Badinguet. Grav. et texte.

Badinguet à la tête d'âne. Grav. et texte.

L'aigle impérial déplumé. Grav. et texte.

La **Fin**, par Victor Hugo. Grav. et texte.

La **confession** de Badinguet, in-8°. 4 grav. et texte.

Proclamation de Napoléon III. Parodie de sa protestation contre sa déchéance. Grandes gravures et texte.

Apothéose de Badinguet. Grav. et texte, in-fol.

V. Hugo. Badinguet au pilori. Grav. et texte, in-fol.

Les **amazones** parisiennes. 10 grav. et texte, in-fol.

Les **fredaines** de la famille Badinguet, in-8°. 5 grav.

Les **souteneurs** de l'empire de Badinguet, in-8°. 9 grav.

Les **clubs** des femmes de Montrouge et de Belleville. Grav. et texte, in-4°.

N. B. La librairie V. PUISSANT, correspondant des librairies politiques de Hollande, Angleterre et Suisse, enverra les catalogues spéciaux sur demande affranchie.

www.ingramcontent.com/pod-product-compliance
Lightning Source LLC
Chambersburg PA
CBHW061752050726
47598CB00002B/714